大阪親育ての会

それ、いちばん
あかんやつや！

寺島　りょう

風詠社

完璧でおらんでもええ
子が苦しなるだけや
ぶつかることを恐れたらあかん
あんたを踏み越えるくらいの強さがあれへんと
生きづらい社会になるんや

00

子どもは贅沢品やと言われとるな。
なんや所有物みたいで意外やった。

あくまでわしの見解やけど
子どもが一人前になるかは
お金で約束されるもんやない。
今のあんたの生活を次世代と
シェア出来るかどうかが試されるんや。

お金はあったに越したことないし
足りひんなら稼ぐしかない。
協力者を見つけてでも働くんや。
ひとり親、応援してくれる身内、血縁（のつながり）
何が足りひんでも
たっぷりの愛とシェアする覚悟があれば何とかなる。

腹をくくるかどうかなんや。
その子はペットや所有物やない。
唯一無二の人格、社会からの預りもんや。
人格を決めるんは「心」や。

「心」はお金で買えるもんやない
愛と時間をかけて育てるもんなんや。

01

子どもに手をあげる

そもそも、弱いものいじめは
人間として、いちばんかっこ悪い。
身なりや化粧をする前に
心磨かなあかんやろ。

02

暴言と暴力は同じやで

身体の傷が消えたとしても
心にキズが残るんや。
心のキズは脳の傷。
記憶とか情報を処理する力、
つまりは学力にも、コミュ力にも支障が出てくると
研究でわかってきたらしいんや。
つい暴言を吐いてしまうとしたら
あんた自身が疲れとるんやないかな？

あんた自身が心にキズを持っとるんかもな。

心のキズがあったら　治すことや。
自分を好きになるよう、生き直すんや。

自分のことを愛せん人に
他人、ましてや子を愛すことは難しいいう人もおる。

わしはそうでもない、人それぞれや思うんや。
先ずはわが子を愛してみ
愛せたなら、愛せた自分を褒めるんや。
人に愛を与えたらな
何や自分まで心があったまる気がするんやで。

03

子どもは「ペット」とちゃうんやで

どんだけ愛しとるか
これは人間の子も動物も同じや。

でも、
猫可愛がりいうやつ
これを人間の子どもにやったらあかんで。

おとなしうさせたい
言うことを聞かせたい
そりゃ、ムリやわ。

「ギャン泣き」いう言葉で困っとる親がおるが
そうでも言わんとやりきれんのやろな。
赤ん坊は泣くのが仕事
天から与えられた本能で、何かを訴えたいんや。
ムリに止めるよりは焦らず原因究明や。
泣く、いうんは何も悪いことない、自然なことや。

泣いたら怒られる、叩かれる
それを育つ過程で覚えてもうたら
まるでペットの手なずけや。
そんな不条理なことしよったら
脳の設計図が狂うてまうで。

04

子にあたる、キレる

想像してみ？

その子が広い世間を知った後に
ちいさなあんたを見たら、どう思うか。
間違いなく、見下されてまうで。

狭い場所に閉じ込めるいうのも同じことやな。
子どもはまだ広い視野を持たん。
見上げることしかできひん。

せやけどな
下からあんたのこと、よう見てるんやで。

05

子どもは逃げ場が
ないんやで

上手くいかへんこと、叱られたり
兄弟げんかしてもうたり
トラブルは人間にはつきもんや。
せやけど起きた後どうするかが
いちばん大事やで。

わしらはタバコ吸うたり気分が変わる場所にいったり
自分で気晴らしすればええやろ?

でも、子どもの逃げ場はどないやろ？
外や押入れで泣いて、戻って来れるんなら
まだマシやけど
歩けんほど小さかったら、どないやろ？

子どもを叱る人間にはな
逃げ場も用意してやるだけの度量が必要なんやで。

それがない思うんやったら
先ずはあんたが人間力の学びなおしや！

06

親の失敗は見せなあかんで

親になったとたんに、なんや正義とか、
中には自分が偉くなった思う大人もおるみたいやな。
せやけど人間　急に立派になるっちゅことは、まず無いわ。
立派の定義も人それぞれや。

子どもはひとりひとり違うんやから
せっかくのその子の持ち味を
わしら大人のひと時の「正論」で
つぶしてもうたらもったいないで

もしあんたがなにか失敗してしもうたら、潔く謝ること。
わしの会社でもな
謝ったら自分の非を認めてしまうことになる・・とか言うてな。
ほんま、めんどくさいこと言う大人がおったもんや。
「謝れる」言うんは子ども同士のけんかでも一番大事やった思う。

ありがとう、ごめんなさい。これは人間の基本や。
けんかしたことがないんやったら
今日からまた、学びなおせばええ
子によって親も育つんや。

07

親の失敗は子どもが学ぶチャンスや

仕事でイライラしとったり
お金や人間関係で悩んどったり
親かていろいろあるもんや。
完璧でおれるはずないもんな。
大事なのはそのあとの行動や。

感情で怒ってしまうことは
ダメやと分かっとっても誰しもあるもんや。
もしも手をあげてしもうたとしたら

今からでも謝ることやな。

子どもが許してくれたとしたら
子どもにとっては願ってもない学びのチャンスやで。

あんたを許せた子はきっとあんたを超える
ええ人間になるで。

08

子より偉い、は大間違いや

子どもは何も知らん、解らん思うたら大間違いや。
何も知らん、いうことは見方を変えたら汚れを知らんのや。
濁りのない澄んだ目の天使なんや。
わしなんか自分の子の目を見たとき
自分の邪念が恥ずかしなったわ。
何や見透かされとるような気がしたもんや。

縁あってうちに生まれてきたんやから
人としてやったらあかんこと

社会の道理を教えながら一緒に成長や。

「自分が最初の友達になったる」

くらいでええんやないか?

親業いう学問もあるほど子育ては深いもんやし
正解なんかあれへん。
あんたは親としてはまだ赤ちゃんなんや
肩の力を抜いて今日から一緒に成長や。

Column

「預かりもん」

子どもが被害に遭うニュース、もう我慢できひん。
わしも2回くらいあったかな?
子どもが泣き止まん時にな。わし、ひとり親やってん。
毎日朝早うから晩まで働いとって、もう眠うて眠うて
うるさい、言うてドンッとベッドに叩きつけるように寝かしたんや。
ますます真っ赤になって泣きよった。まだ首が座ったくらいやってん。
小さな両手で握り拳つくってクシャクシャな顔。
声も大きゅうてかわいいなんかとてもやないけど思えへん。

部屋を離れて外の風に当たろか、思うたんやけどな。行けんかったわ。
わしが見えへんようになったら泣き声はほんま大きなってな
この子にはわししかおらんのや。
泣くことは精一杯の意思表明なんやろな、わしひとりのために汗だくなんやで。

ごめんな、ごめんな、言うて抱きしめたって、わしも泣いたわ。

子どもはどんな目に遭っても、それが普通や思うんや。
親が改めさえすれば綺麗さっぱり水に流して許してくれるんやで。
愛されようと懸命なんや。

せやから虐待やら、ほんまありえへん
手を挙げてまう親は正気でないんやろな。
親の方がよっぽど酷い目に遭ってきたか、訳あって心が病んでもうとる。

今のあんたはどないや？自分をぎりぎりに追い詰めたら絶対にあかんで。
子は産まれる場所を選べへん、縁あってあんたとこ来たんや
心の病の原因を辿って元を断つんか、しばらく人に頼んでみるかの二択や。

子どもは社会からの預かりもん
大きゅうなって見下される、いうんもほんま寂しいもんやで。

09

きっかけ

なんで専門家でもないわしが
子育ての本出したんやろう?
批判や異論はあるやろうし
親になるかどうかは人それぞれやもんな。

せやけど親である前に
もう一度、人間いうんを見つめ直して欲しいんや。

長い歴史の中で
人同志の争いや足のひっぱり合いは

ようけあったんやろうな。

でも支えあい、助け合いは
もっと多かった思うねん。

他人のことを優先すると自分が我慢せなあかん。

誰かて何も悩みない筈ないし
言論の自由言うんも、もっともなことや。

人間の手に今、スマホいう便利なもんが
くっついてきよった。
家でひとりで呟きよった独り言が
あっという間に世界に聞こえてまう。

誹謗中傷?そんな熟語
知らんかったわ。

スマホ、いうんはスマート
つまり賢い道具なんやから賢う使うもんやで。
コミュニケーションをより円滑に
便利に情報交換できる頼もしい道具やけど
逆を言えば簡単に人を傷つけてまうわな。

人を傷つけてもうたら、最終的には
自分が傷つくんや。

使い方間違えたらあかん。
ジョブズさん
天国で怒っとるかもしれへんで。

10

子どもの前で人の悪口言うたらあかんで

小学校の先生、言うとらんかったか？
人間いうんは人と人の間で生きていかなあかん
せやから「人間」なんやろ。

人と人が信じ合う、これが基本や。
その上で他の人のすごいところをどんどんマネして吸収して知恵をつけていく
育つ、いうんはそんなもんなんや。
それを初めからあの人はイヤだのアレは違うだの
悪口みたいな言葉をしょっちゅう聞いて育ってもうたら

その思考がクセになってしまう。
人のこと、信じられへんようになってまうんや。

近所の人、きょうだい、先生の悪口なんてもってのほか
その人のおらんところでの悪口なんか全く意味のないことや。

社会の中で生きていける子に育てたいんやったら
人を信じられる素直で柔らかい心は基本
それさえもっとったら無敵や思うわ。

信頼関係はまず
相手を信じることから始まるんやで。

11

スマホに子守りさせたらあかんで

農業にせよ商売にせよ
かつて家業が主やった頃はな
子守役がおらん時は子どもを木に繋いだり
籠の中に入れたり
目の届くとこに置いとったそうや。

今は親ひとりでおるんも当たり前。
気を許せる近所付きあいもあれへんわな。
わしらの時代はテレビや本が子守り役やったんが

今はスマホに移行した。
仕方ない部分はあるけどな
スマホオンリーはあかん。
特に物心つく前にスマホに頼ったらあかんで！

「めんどくさい」「時間がない」
大変なんはホンマにわかるけど
そう思うた時こそ「シェア」精神を持ち直してほしいんや。
「ラク」な方に逃げる大人の行動は
賢い子ほど直ぐに真似してまうで。

12

スマホがあかん訳やない内容に異論ありや

スマホはほんま便利で、もうなくてはならんもんや。
せやけど目に悪い
目に悪いいうことは脳に影響するんや思う。

画像の多くは完成した情報の集合体やし
第一、好奇心の塊の子どもには楽し過ぎるわ。
離乳食始める時期に砂糖みたいな
調味料たっぷりの食べ物を与えてまう事と同じなんや。
モノやコトの本質を知る前に完成した

しかも娯楽や甘い汁を覚えてもうたら後戻りは難しなる。

社会は秩序で成り立つもんやし
中でも順序いうんはほんま大事なんや。
子も親も個性や環境は人それぞれ
子育ては行き当たりばったりな面もあるけど
長い長い、責任重大な仕事や。
せやから段取りくらいはちゃんとしとかなあかんのや。

13

知恵がつく前に
勉強始めたらあかんで

頭でっかち、言うやろ。
いくら物知りでも受け皿が小さいと
生きていく力にはつながらへん。

勉強して、テストの点がええからいうて
沢山褒めてもろたりご褒美もろたりを先に覚えたら
生きていくための知恵や工夫を体験する機会が無うなってしまうで。
勉強だけでは通用せんのが社会の荒波なんや。
本当の賢さ、心の強さはテストの点じゃ測れんもんやで。

失敗かて意味があるんや。

いくら科学が進歩しても
ぶっつけ本番の人生を生き抜くための知恵いうんは
小さいころから身体で経験した外遊び
人間関係のしがらみで練習しとくほうが
机の上の勉強に勝ることもあるんやで。

14

叱ってばかりはあかんで

大阪は商人の町やから、人を立てる、いう
根っからの商人気質が根付いとるし日本人は謙遜を美徳にしとるわな。
せやからつい、「うちの子はボンクラで」とか言うてまう親がおる
褒めると「親バカ」とか言われ、何が正解か分からへん。

せやけど親だけは子を褒めてやらなあかん
褒める、いうんは甘やかすことやない、認めるっちゅうことや。
叱られてばかりで育ってもうたら、自分なんかいらん子かもしれんって

本気で思ってまうで。
その考え方が根づいてまうと大人になって今度は自分は
社会にとって不必要やとか思ってまうんや。

ただでさえ難しいことが沢山の荒波の時代や。
自分ひとりを肯定できんでどないする？
褒められたら安心できるし自信が持てる、自信が持てたら頑張れるんや。

自己肯定感
これは心を支える大事な基盤なんや。

大阪のセールスマンに会うたことあるか？
自信なかったらあんな風に喋られへんで
彼らもきっと幼少期に誰かから認めてもろたんやろな。

15

何ごとも否定から先はあかんで

世の中には危険がいっぱいや
慎重になることはほんまに大事なことや。

せやけど何にしても
心配したり、疑ってしもたりが先に来たらどないやろ？
「あら探し」から入る人間関係やったら
いつまで経っても幸せになれへんと思うわ。

親の役割は「この世はええとこやなぁ」いうんを伝えることや。

そう思える社会にするんは大人全員の勤めなんや。
病は気から、言うけどな、
気の持ち方は生きていくための基本のき、玄関みたいなもんや。
「気」がプラスの方を向いとったほうがええのは理に適ったことなんや。

その上で相手の気持ちや立場を想像できる力を身につける
これが社会人の一歩めや。
「子は親を映す鏡」これ、ほんまに名言やで。

わしら大人同士の会話、生き方も
この際見直していかなあかん。

ところであんたは「この世はええとこや」思えるか？
わしは少しグレーなんや
せやから今、ペンを執ったのかも知れへんな。

16

決定を急がせたらあかん

「モヤモヤする力」知っとるか？
今これが見直されとるらしいな。
世の中青竹を割ったように
なんかスパっと行かへんときがあるやろ
答えはひとつやないからや。
即決ばかりを求めてしもたら、時に間違ってまう。
いろいろ考えたり、話しおうたりして結論にたどり着く。
これが大事いうことやな。

「スピード優先」で育てた子は

よそ見せんとまっすぐ育つかもしれん。
でも「見渡す力」もごっつい大事なんや。
考えてみ？
白黒はっきりするもんなんか世の中にはほとんどない
グレーゾーンのまましばらく様子を見ることも大事なんや。

「融通が効く」「柔軟性がある」「フレキシブル」
世渡りする上で、ホンマ大事なスキルやな。
頭の回転が早いんはええことやけど
常に即決を優先してまうと「モヤモヤ力」が育たへん。

わしも決断が早い大人に憧れるけどな
そういう大人は大抵「経験の下積み」を
持っとるもんなんや。

17

ゆっくりでしか、気づかへんかったこと

いろんなところで「スピード」が優先されて
時間の大切さが見直され
いつの間にか「時短」いう言葉が流行っとるな。
社会に出て仕事しとったら、そりゃ時間が大事やって誰しも思うわな。

でもな、
子育てだけは「時短」はなしや。

脳は初めての経験ほど長く感じるもんらしい。
昔のほうが一日《いちにち》が長《なが》く感じたんは

子どもの頃沢山の「初めて」に出会うとった証しなんや。
子どもと過ごす時間は
なるべくその「初めて」を優先させたることや。

回り道やとしても、そこには必ず新しい発見がある
それが人生いうもんや。
結果が判っとっても一緒に付き合うてやってほしいんや。

「あとで」にも要注意や
子どもは親から「遊ぼう」言われた時よりも
自分からの「遊んで」に応えてもらうほうが何倍も嬉しいんやそうや。

そんときこそ時間の分け合いや
「大人を休む日」を、作ってみるのもええもんやで。

18

甘えても、ええんやで

親は偉いとか、立派やないと務まらんとか
そういう考えは捨てなあかん。

あんたもせいぜい二十とか三十やろ？
親も子と一緒に育つ、ええ言葉や。

もし今がしんどいんやったらな
先ずはあんた自身が楽になれる方法を探してみ。
今は子どもが少ないんやから親への支援が手厚いもんや
でも声を出さんかったら、気づかれへんのや。

子どものためや思うて無理せんと
あんた自身も人の力を借りてええんや。
人という字は一（ひとり）の支え合い。
一人では生きていかれへん、いうことやないか？
「弱さ」を知った人はまた一歩、成長したんや思うで。

Column

同志

学校に行けんようになった子が言いよったわ
親からかけられた言葉で
いちばんありがたかったんは
何も言わんでおってくれたことなんやて。

面と向かって言いにくい
これ、誰しも経験あるわな。

あんたがもし
子どもとの関係に悩みがあるんやったら
正面から向き合うことをやめてみ。
同じ方向をみて、
いちばんの願いを聞いたったらどうや？
子どもとは向き合うんやない
同じ方向に進む同志なんや。

19

真ん中を歩かす日

10年以上前やったけど
子供の「供」の字がひらがな推奨になったんや。
「供」いう字は人に従う家来みたいな意味やってん
子の尊厳を守る観点から
従わせるいう意味合いはあかんいうてな。

せやけど「供」はよう出来た字や、とも思うんや。
赤ん坊が自力で育つんは無理や
ある意味一人前に育つまでは手を引いて
守ったらなあかん。

道の真ん中を歩くんはあんたの方や。
経済的に支えるんやから
主人はあんた、従うは子。
これが筋やから子どもに尊厳はあっても
威張らせたらあかんわな。

逆行するようやけど
いつまでもあんたが真ん中歩く
これもあかんやつや。
子どもが自分で歩く道を選んだ時には
真ん中を歩かせるんや。

その子に力がついたら
主役を譲ってやることが出来る
これこそが愛情なんやで。

20

子どもは天からの授かりもの

ちょっとスピリチュアルな話やけど
子は生まれる前まで神様のところにおったんや。
そういう意味では子どものほうが「先輩」や。

せやからあんたは
「指導者」である必要なんかない
言うてみれば
「伴走者」や。

「この親がええ。」いうて天から降りてきたいう説もある。
何や夢みたいな話やけど
あんたと子が出会うたんは「偶然」やのうて
「必然」なんや
これだけはほんまの話なんや。

21

あんたが味方でのうてどないするん？

親はなくとも子は育つ。
わしなりの解釈は
親でなくても子は育つ。
つまり
あんたが親やなくても
愛情をもって接すれば子は育つ言うことや。
安心感が心を強くするんやろな。

子どもとの信頼関係で大事なんは

子どもの言うたことを最初から否定せんことや。
些細なことでも経験が少ない子どもには重大なこと
いつも否定されてしもたら
子どもの方があんたに本心を言うことを
やめてまうかもしれへんで。

親が自分のいちばんの理解者
何があってもあんただけは子の味方

子どもにとってこれほど心強いもんはないんやで。

22

好き嫌い、選り好みは通れる道を狭めてまうで

わし、何も取り柄がないんやけどな
好き嫌いも食わず嫌いもないんや
これはほんま親に感謝しとるんや。
自慢やないけど人と接する時も
外見や職業やらは関係なく人間性を見る。

わしの両親はほんま好奇心旺盛な人やってん。
何でも食べてみな気が済まん。
山でキノコを採って来た時なんか

自信満々やった割に毒キノコやってん（笑）
わしらに内緒で夫婦で入院したこともある。
おまけに近所の人にあげてもうて
急いで「食べんといてや」て電話したらしいわ。
後から笑い話しにしとったけどな
わしにとっては自慢の親やったんや。
人のこと悪う言うたんを、聞いたことなかったわ。

「アレは嫌、コレは嫌」いうんは
ヒト、モノ、コト全てに通じる偏った感覚なんやないかな。
それが当たり前で人生過ごしとったら
どんどん道幅が狭うなってしもうて
何や勿体ない気がするんはわしだけやろか？

23

いやいや期は反抗期とちゃうで

反抗期言うんは子どもが家から一歩踏み出して
学校とか、社会での居場所を見つけた上でな
自分の考えを親にぶつけるだけの力がついてきたいうことなんや。
でもまだそのエネルギーを上手いこと発散する知恵を持たんから
多少荒々しゅうなってまう子もおるわな。

いずれにしても反抗しはじめたら
立派になったもんや！いうて褒めたいぐらいや。
いっぽうでいやいや期はその手前。

これからの時間に比べたら、
いやいや期なんてホンマあっという間やで。

何がいやなんか、しっかり受け止めたりや。
食べものでも、行動でも、人でも、「嫌や」つまり苦手、いう壁に
人生ではじめてぶっかったんや。

世の中壁だらけ
面倒くさい思うて避けてばかりやったらもったいないで。
苦手を克服するんは
幼い時ほどたやすいかも知れへんで。
子もあんたも人間として成長できるええ機会や思うわ。

24

いやや！言える子は、将来有望や

物心がついて意思表示ができるようなったら
「お利口さん」には注意が必要や
物分かりがええ言うことは
何かを我慢しとるんかもしれん。

もちろん我慢は大事やけど
ほんまにイヤなことも言えんと親の言う通りにしよったら
大人になってから爆発してまうで。

子どもが自分の考えを言える、いうんはあたり前なようやけど
案外できてへん家が多いんや。
我慢の溜めこみ過ぎはあかん。

「親の顔色を伺う子」の問題はようけあるのに
「子の顔色」を見てやる親は少ないんは不思議やろ
その我慢は「心のひび」にならへんか？
スマホ見る時間があるんやったら
ちゃんと近くで見守ったりや。

25

家は根を張る場所
根が弱いと
ちょっとの風で倒れてまうで

なんぼ丈夫な苗でも
根が張れん場所に植えたら育てへん。
先ずは、ええ土を用意してやらな。

人間も同じや。
根っこがしっかりしとったら
多少の風が吹いても倒れへん。
幹はどんどん太うなるし

好奇心や体験は、枝を四方に伸ばし
葉から養分をぎょうさん蓄えて
花を咲かし大きく実るんや。
愛情はたっぷりの水や光
安定した土壌なら子の真ん中に安定した心が育つ。

こんな世の中やから不安定になりそうな時はあるけど
それを持ちなおせる強さがあればなんとかなる。

どんな木に育つかは、幼少期に決まるんや。

26

見て見ぬ振りも
大事やで

乳児期は手を離すな
幼児期は目を離すな
少年期は心を離すな

アメリカインディアンに由来する言葉のアレンジや。

親は子どもを見守ってやならあかん。
ひと通りのことが身についてきたら
少しの間、目の届かへんところで社会生活の練習ができたらベストやな。

「初めてのお使い」みたいな小さな冒険
親離れのスタートや。

子どもは初めて自分の判断で歩いて、間違うて、学ぶんや。
場数が少ないんやから最初は失敗だらけやで。

もし失敗を見てもうたら敢えて何もいわんことや。
子どもがどうするか待ったるんや。

成長過程、特に少年期での見て見ぬふりは
子どもが力をつけるええ機会なんやで。

27

マニュアルなんかないんやで

人間マニュアル
聞いただけでヤバいやろ？
そんなもんができたら、いよいよ世も末や。

子育てマニュアル？
これもおんなじようなもんや。

親になったら急に何や
お手本になろう思うたり模範的なことしよう思うたり

取説ないんか?とかいう親もおるけどな
そんなもん要らん、気にせんことや。
「世の中に必要な知恵は幼稚園の砂場で学んだ」いう本があったわな
ほんまその通り、役立つスキルやったわ（笑）

わしなんかテレビや漫画みとって正義いうもんを学んだ気いするな
正義・義理・人情は活字から学ぶもんやない、思うんや。

人生いうんは
いろんな話、いろんな情報、いろんな人らに出会うて
その中から自分なりの答えを探す旅なんや。

わしも人生に迷って「マニュアルないんか?」思たことある（笑）

そんなもん、最後まで見つからへんのやけどな。

28

愛情は0円《ゼロ》や 出し惜しみしたらあかんで

人間は哺乳類でいちばん手がかかる生き物なんや。
情操教育とか言われるけど
「感情」いうもんはほんま大事でな
3歳まではたっぷりの愛情を与えなあかんのや。

妹や弟が生まれたらなおさら気いつけてあげるんや。
お兄ちゃん、お姉ちゃんやからと我慢させるんは
子どもがあんたの無条件の愛を理解してからや。
感情は心根に直結、

心が満たされる前にできたキズは脳のキズになる。
時間が経つと修復できひんのや。

人の話を素直に聞けんと歪んだ考えになって
斜めに世間をみてしまうで。

知識や勉強も歪んだ器に入ってしもたら
おかしなことになってまうで。

29

愛こそがすべて

世の中
悪いことする人間がいっぱいおるやろ。
でもな
赤ん坊は愛情を与えんと死んでしまういう話
ほんまらしい。

これ、どういうことか分かるか?

この世界の

二歳以上生きた
人間全員が

赤ん坊のとき
誰かの愛情をもらったっちゅうことなんやで。

Column

さじ加減

無償の愛
ええ言葉やけど
償いようが無いとも書く。
愛情は度を越したらあかんのや。

たくさんの愛はあなたを殺してまう、いう
クイーンの歌があったやろ?

愛情と甘やかしは似て非なるもんや。
取り返しがつかへんほど
相手の人生を狂わしてまう、怖いことやで。

与えすぎてもうたら
もらう方はだんだん迷惑になるか
わがままになって、しまいには周りから浮いてまう。

なんぼ可愛いいうても
愛情の与えすぎはあかんで。

Column

わしらのルーツ

人間の歴史は怖いもんやな。
争いや戦いで生存競争を生き抜いてきた血が流れとる。
腕力や武器やのうても噂話だけで人を落とし入れたりしたんやそうや。
家族でも密室におったら何や権力争いみたいなもんが成り立ってしまうんや。
日本の殺人事件の４割は家族に対するもんなんやそうや。
驚きやな、アメリカの２・５倍近い数字や。
なんでなんやろ?

支配や上下関係ができてもうたら優越感
そうなると兄妹みたいな横の関係が出来てもうて
いじめが起きる。それが争いの発端
どうしても大人の方が経験値も腕力も強いわな。

虐待の発端は支配やいじめやないか?思うんや。
さらいなことから始まってだんだん歯止めがきかんくなる。

皆、何かに我慢して、はけ口ないんやないかな?

そうやとしたら暗やみの中から子どもを助け出さなあかん
当事者の大人も一緒にや。

シェア・スピリッツ

愛情はゼロ円やけど
親子の愛は金払うても手に入らん
せやから子を贅沢品には例えられへん。

∞

お金の準備よりも大事なんは
あんたが一人前の社会人やと自覚することや。
学校出るまでの時間とお金を
その子とシェアする覚悟をもっとるかどうかなんや。

親は人格者やのうてええんや

赤ん坊からやり直すつもりで
一緒に人生の壁にぶつかったれや。

自分の分身みたいな子が
社会からの大事な預かりもんでもある。
そない思たらお金かかるのは当然やし
ほんまやり甲斐ある仕事やと思う
苦にしよったら損や。

人生をシェアするには、授かった年齢も血のつながりも関係ない。
分け合っていくと誓えるかどうかや。

シェアする、いうことは考えようによっては倍々ゲームなんや
障害物競争みたいに楽しめたら
一番ええ思うんや。

寺島　りょう（てらしま りょう）

会社員。
マーケティング・企画・デザイン業の傍ら、子育て経験あり。クリエイターとしての特技、スキルは子育ての助けになると実感し、人間の幹である「心」の弱さを克服することが国力になるとの想いで執筆の世界へ入る。
「大阪親育ての会」リーダー。2024年6月から同名の「X（旧Twitter）」にて発信を始め二足のわらじで「心育て」分野に挑む、決意の第一作。

それ、いちばんあかんやつや！

2024年6月18日　第1刷発行

著　者　　寺島　りょう
デザイン　寺島　冬馬
構　成　　富山　公景

発行人　　大杉　剛
発行所　　株式会社 風詠社
〒553-0001　大阪市福島区海老江5-2-2 大拓ビル5-7階
TEL 06（6136）8657　https://fueisha.com/
発売元　　株式会社 星雲社（共同出版社・流通責任出版社）
〒112-0005　東京都文京区水道1-3-30
TEL 03（3868）3275
装　幀　　2DAY
印刷・製本　シナノ印刷株式会社

ISBN978-4-434-34103-8 C0077